# Vamos a COSTA RICA

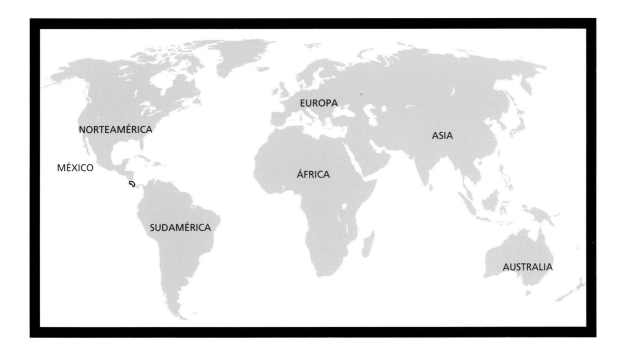

NORTEAMÉRICA

MÉXICO

SUDAMÉRICA

EUROPA

ÁFRICA

ASIA

AUSTRALIA

## Mary Virginia Fox

Heinemann Library
Chicago, Illinois

© 2001 Reed Educational & Professional Publishing
Published by Heinemann Library,
an imprint of Reed Educational & Professional Publishing,
Chicago, IL
Customer Service 888-454-2279
Visit our website at www.heinemannlibrary.com

Designed by Sandy Newell
Printed in Hong Kong

05 04 03 02 01
10 9 8 7 6 5 4 3 2

**Library of Congress Cataloging-in-Publication Data**

Fox, Mary Virginia.
    [Costa Rica. Spanish]
    Costa Rica / Mary Virginia Fox.
        p.cm. – (Vamos a)
    Includes bibliographical references and index.
    Summary: An introduction to the land, culture, and people of Costa Rica.
    ISBN 1-57572-383-2 (library binding)
    1. Costa Rica—Description and travel—Juvenile literature. [1. Costa Rica. 2. Spanish
language materials.] I. Title. II. Visit to.

F1544 .F6918 2000
972.86—dc21

                                                    00-029550

**Acknowledgments**
The author and publishers are grateful to the following for permission to reproduce copyright material:
The publishers would like to thank the following for permission to reproduce photographs:
Corbis/Martin Rogers, pp. 5, 8, 10, 14, 17, 22, 23, 24, 26, 27; Corbis/Dave G. Houser, p. 6; Corbis/Michael and Patricia Fogden, p. 9; Corbis/Gary Braasch, p. 11; Corbis/The Purcell Team, pp. 13, 20; Corbis/Kit Kittle, pp. 15, 21; Corbis/Tony Arruza, p. 19; Corbis/Joel W. Rogers, p. 25; Corbis/Buddy Mays, p. 29; Tony Stone Images/Tom Benoit, p. 7; Stock, Boston/PictureQuest/Barbara Alper, p. 12; Aurora/PictureQuest/Peter Essick, p. 16; Stock, Boston/PictureQuest/David J. Sams, p.18; National Geographic Image Collection, p. 28

Cover photograph reproduced with permission of Corbis/Martin Rogers.

Every effort has been made to contact copyright holders of any material reproduced in this book. Any omissions will be rectified in subsequent printings if notice is given to the publisher.

Encontrarás unas palabras en negrita, **así**. Busca el significado de esas palabras en el glosario.

# Contenido

# Costa Rica

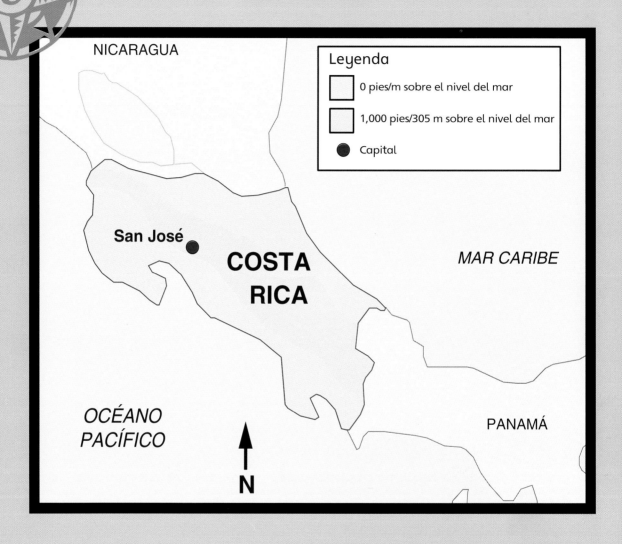

NICARAGUA

Leyenda

☐ 0 pies/m sobre el nivel del mar

☐ 1,000 pies/305 m sobre el nivel del mar

● Capital

San José ●

**COSTA RICA**

*MAR CARIBE*

*OCÉANO PACÍFICO*

PANAMÁ

↑ N

Costa Rica está situada en **Centroamérica**. Tiene costas en el **mar Caribe** y en el **océano Pacífico**.

La gente de Costa Rica estudia y practica
deportes igual que tú. Pero en Costa Rica
también hay cosas **únicas.**

# Cómo es

A lo largo de las costas, Costa Rica tiene **llanuras** bajas y **selvas tropicales**. Ahí hace mucho calor.

En el centro del país hay montañas altas.
Costa Rica también tiene **volcanes**. A veces
cubren de ceniza el campo y las casas.

# Puntos de interés

La **capital** de Costa Rica es San José.
Los costarricenses sienten orgullo de sus
hermosas iglesias. Algunas tienen más
de 300 años.

A Costa Rica va gente de todo el mundo
a ver la **selva tropical** de Monteverde.
Sus montañas están cubiertas de árboles
y plantas. Muchas veces se pierden entre
las nubes. Ahí viven aves y otros animales.

# Casas

En el centro del país, las casas son de bloques de **concreto**. Resisten las tormentas y los **huracanes**. Las casas tienen colores brillantes.

Cerca de las costas, las casas son de madera. Se construyen sobre **pilotes** para protegerlas de las inundaciones. En las ciudades, la gente vive en apartamentos o casas.

# Comida

En Costa Rica se dan muchas frutas, como el plátano y el mango. También se come melón, naranja y piña.

El arroz con frijoles blancos y rojos,
cebolla y **especias** es un plato favorito.
También se hacen sopas y guisados de
carne, verduras y arroz.

# Ropa

Muchos niños y adultos se ponen shorts o jeans con camisetas. Para ir al colegio, los niños por lo general se ponen como uniforme camisa blanca y falda o pantalones oscuros.

Para las celebraciones, las señoras y las
niñas se ponen faldas de volantes y blusas
típicas. Los hombres se ponen un sombrero
de paja al estilo vaquero.

# Trabajo

En Costa Rica se cultiva maíz y café. Los trabajadores recogen a mano el fruto del café. Dentro del fruto, están los granos del café.

Hay muchas fábricas. Unas empacan frutas
y verduras. Otras preparan café instantáneo.
Esos productos se venden a otros países.

# Transporte

En las ciudades, mucha gente viaja en carro. En el campo, se viaja a caballo. Para cargar cosas pesadas se usan carretas de **bueyes.**

Un ferrocarril permite a los campesinos
llevar sus cultivos a los **puertos** del mar.
Una carretera conecta a Costa Rica con
los otros países de **Centroamérica**.

# Idioma

El español es el idioma principal de Costa
Rica. Eso se debe a que España mandó gente
a **colonizar** la isla. Mucha gente también
sabe inglés. A veces se usan palabras de
los dos idiomas.

Cuando los costarricenses entran a una casa, dicen "con permiso". Una forma cariñosa de llamarse es "mi amor".

# Educación

Los niños empiezan a estudiar a los cinco años. Estudian español e inglés, matemáticas, ciencias, música, religión y arte. Los niños almuerzan en el salón de clase.

El año escolar empieza en marzo y
termina en noviembre. En julio hay
dos semanas de vacaciones.

# Diversiones

El fútbol es un deporte muy popular en Costa Rica. La gente monta a caballo por deporte y para viajar. Se hacen carreras de caballos entre pueblos.

Como Costa Rica tiene muchas costas, llega gente a practicar **surfing**. También recorren los ríos en balsa y en **kayak**.

# Celebraciones

A lo largo del año hay muchas fiestas
y ferias. El 12 de octubre se celebra el día
de la llegada de Colón a las Américas.
Esa fiesta se llama el Día de la Raza.

La religión más común de Costa Rica es la
católica, así que las fiestas religiosas son
muy importantes. Se celebran muchas fiestas
de santos.

# Artes

Los primeros habitantes de Costa Rica
dejaron muchas obras de arte. Hay unas
bolas muy grandes talladas en piedra.
También hay lindas estatuas de jade.

El arte no se ve solamente en los museos.
En Costa Rica los objetos diarios pueden
ser obras de arte.

# Datos

| | |
|---|---|
| **Nombre** | El nombre completo de Costa Rica es República de Costa Rica. |
| **Capital** | La capital es San José. |
| **Nombre** | A los costarricenses los llaman "ticos". |
| **Idioma** | Se habla español. |
| **Población** | Costa Rica tiene unos cuatro millones de habitantes. |
| **Moneda** | La moneda es el colón. |
| **Religión** | La religión más común es la católica. |
| **Productos** | Se cultiva caña de azúcar, café, plátano y piña para vender a otros países. Se fabrica ropa, zapatos y artículos eléctricos pequeños. |

## También se dice...

| | |
|---|---|
| apartamento | departamento |
| carreta | furgón |
| colegio | escuela |
| palma | palmera |
| plátano | banano, guineo |
| salón de clase | aula |

# Glosario

| | |
|---|---|
| **buey** | animal de carga |
| **capital** | ciudad importante que es el centro de gobierno |
| **Centroamérica** | franja de tierra situada entre Panamá y México |
| **colonizar** | establecerse en un país y gobernarlo |
| **concreto** | mezcla de piedra con que se hacen edificios |
| **costa** | tierra a la orilla del mar |
| **especia** | planta seca que se muele para dar sabor a las comidas |
| **llanura** | tierra plana cubierta de pastos |
| **mar Caribe** | mar al sur de la Florida; es parte del océano Atlántico y queda entre Norteamérica, Centroamérica y Sudamérica |
| **océano Pacífico** | mayor océano del mundo |
| **pilote** | palo largo que sostiene una casa |
| **puerto** | lugar donde llegan los barcos |
| **selva tropical** | bosque de árboles altos donde llueve mucho |
| **surfing** | deporte de rodar sobre las olas con un tablón |
| **único** | diferente y especial |
| **volcán** | montaña formada por roca derretida que sale del interior de la Tierra por la que salen humo caliente, fuego y cenizas |

# Índice

## Más libros para leer

Haynes, Tricia. *Costa Rica.* Broomall, Penn.: Chelsea House
   Publishers, 1999.

Moritz, Patricia M. *Costa Rica.* Vero Beach, Fla.: Rourke
   Corporation, 1998.

West, Tracey. *Costa Rica.* Minneapolis: Lerner Publishing Group,
   1999.

## DATE DUE

| | | | |
|---|---|---|---|
| | | | |
| | | | |
| | | | |
| | | | |
| | | | |
| | | | |
| | | | |
| | | | |
| | | | |
| | | | |
| | | | |
| | | | |